出席第三届核安全峰会并访问欧洲四国和联合国教科文组织总部、欧盟总部时的演讲

习 近 平

人 民 出 版 社

出版说明

2014年3月22日至4月1日，国家主席习近平出席在荷兰海牙举行的第三届核安全峰会，对荷兰、法国、德国、比利时进行国事访问，并访问联合国教科文组织总部、欧盟总部。访欧期间，习近平主席多次发表重要演讲，并在所访国家主要报纸上发表了多篇重要文章，从不同层面和角度对中国道路、中国梦、中华文明、中国外交理念和政策、中国同世界的关系进行了深刻阐释。习近平主席的重要论述充分展示了对中国特色社会主义的道路自信、理论自信、制度自信，充分展示了中国自信、友善、包容、负责任的大国形象，对促进理解当代中国和中欧关系、中国同世界的关系具有十分重要的指导意义。

为配合学习宣传习近平总书记系列重要讲话精神，我们将习近平同志这次访欧期间的5篇演讲和讲话，以及4篇署名文章汇编成册，以方便广大干部群众学习使用。

人民出版社

2014年4月

目　录

附　录

在荷兰海牙核安全峰会上的讲话

（2014年3月24日，海牙）

中华人民共和国主席　习近平

尊敬的吕特首相，

各位同事：

今天，我们共聚海牙，探讨加强核安全对策，意义十分重大。首先，我谨对吕特首相和荷兰政府为本次峰会所作的积极努力和周到安排，表示衷心的感谢！

上个世纪，原子的发现和核能的开发利用给人类发展带来了新的动力，极大增强了我们认识世界和改造世界的能力。同时，核能发展也伴生着核安全风险和挑战。人类要更好利用核能、实现更大发展，就必须应对好各种核安全挑战，维护好核材料和核设施安全。

各位同事！

加强核安全是一个持续进程。核能事业发展不停步，加强核安全的努力就不能停止。从2010年的华盛顿，到2012年的首尔，再到今天的海牙，核安全峰会承载着凝聚各国共识、深化核安全努力的重要使命。我们要坚持理性、协调、并进的核安全观，把核安全进程纳入健康持续发展的轨道。

第一，发展和安全并重，以确保安全为前提发展核能事业。作为保障能源安全和应对气候变化的重要途径，和平利用核能事业，如同普罗米修斯带到人间的火种，为人类发展点燃了希望之火，拓展了美好前景。同时，如果不能有效保障核能安全，不能妥善应对核材料和核设施的潜在安全风险，就会给这一美好前景蒙上阴影，甚至带来灾难。要使核能事业发展的希望之火永不熄灭，就必须牢牢坚持安全第一原则。

我们要秉持为发展求安全、以安全促发展的理念，让发展和安全两个目标有机融合，使各国政府和核能企业认识到，任何以牺牲安全为代价的核能发展都难以持续，都不是真正的发展。只有采取切实举措，才能真正管控风险；只有实现安全保障，核能才能持续发展。

第二，权利和义务并重，以尊重各国权益为基础推进国际核安全进程。没有规矩，不成方圆。各国要切实履行核安全国际法律文书规定的义务，全面执行联合国安理会有关决议，巩固和发展现有核安全法律框架，为国际核安全努力提供制度保障和普遍遵循的指导原则。中国呼吁更多国家积极考虑批准核材料实物保护公约及其修订案、制止核恐怖主义行为国际公约。

各国国情不同，核能事业处于不同发展阶段，面临的核安全挑战也不尽相同。一把钥匙开一把锁。在强调各国履行有关国际义务的同时，也要尊重各国根据本国国情采取最适合自己的核安全政策和举措的权利，尊重各国保护核安全敏感信息的权利，坚持公平原则，本着务实精神，积极稳妥推进国际核安全进程。

第三，自主和协作并重，以互利共赢为途径寻求普遍核安全。核安全首先是国家课题，首要责任应该由各国政府承担。各国政府要知责任、负责任，强化核安全意识，培育核安全文化，加强机制建设，提升技术水平。这既是对自己负责，也是对世界负责。

核安全也是全球性课题。一个木桶的盛水量，是由最短的那块板决定的。一国核材料丢失，全世界都将面临威胁。实现普遍核安全，需要各国携手努力。我们要吸引更多国家加入国际核安全进程，使各国既从中受益，也为之作出贡献，争取实现核安全进程全球化。我们要加强交流、互鉴共享，有关多边机制和倡议要统筹协调、协同努力，争取做到即使不在同一起跑线上起跑，也不让一个伙伴掉队。

第四，治标和治本并重，以消除根源为目标全面推进核安全努力。核安全涉及不同层面，既包括实施科学有效管理，发展先进安全核能技术，也包括妥善应对核恐怖主义和核扩散。完善核安全政策举措，发展现代化和低风险的核能技术，坚持核材料供需平衡，加强防扩散出口控制，深化打击核恐怖主义的国际合作，是消除核安全隐患和核扩散风险的直接和有效途径。

治标还要治本。只有营造和平稳定的国际环境，发展和谐友善的国家关系，开展和睦开放的文明交流，才能从根源上解决核恐怖主义和核扩散问题，实现核能的持久安全和发展。

各位同事！

中国一向把核安全工作放在和平利用核能事业的首要位置，按照最严格标准对核材料和核设施实施管理。发展核能事业 50 多年来，中国保持了良好的核安全记录。

荷兰哲人伊拉斯谟说过，预防胜于治疗。近几年，国际上发生的重大核事故为各国敲响了警钟，我们必须尽一切可能防止历史悲剧重演。

为防患于未然，中国全面采取了核安全保障举措。我们着力提高核安全技术水平，提高核安全应急能力，对全国核设施开展了全面安全检查，确保所有核材料和核设施得到有效安全保障。我们制定和实施了核安全中长期规划，完善国家核安全法规体系，正在制定国家核安全条例，扎实推进核安全工作机制化、法制化。

中国积极推动核安全国际合作。中国同美国合建的核安全示范中心举行了奠基仪式，工程建设进展顺利。这个中心将为地区乃至国际核安全技术交流合作作出贡献。中国在打击核材料非法贩运领域同俄罗斯和哈萨克斯坦等国开展一系列合作项目。中国支持在经济和技术可行的情况下，尽可能减少高浓铀使用，正在国际原子能机构框架内帮助加纳把一个使用高浓铀的研究堆改造为使用低浓铀燃料。中国向国际原子能机构核安全基金捐款，通过举办培训班等方式，提升亚太地区国家核安全能力。

各位同事！

光明前进一分，黑暗便后退一分。我们在核安全领域多作一份努力，恐怖主义就少一次可乘之机。为实现持久核安全，中国愿意继续作出自己的努力和贡献。

第一，中国将坚定不移增强自身核安全能力，继续致力于加强核安全政府监管能力建设，加大核安全技术研发和人力资源投入力度，坚持培育和发展核安全文化。

第二，中国将坚定不移参与构建国际核安全体系，同各国一道推动建立公平、合作、共赢的国际核安全体系，促进各国共享和平利用核能事业的成果。

第三，中国将坚定不移支持核安全国际合作，愿意为此分享技术和经验，贡献资源和平台，促进地区和国际核安全合作。中国支持国际原子能机构发挥主导作用，鼓励其帮助发展中国家提高核安全能力。中国将继续积极参与核安全活动，邀请国际原子能机构开展实物保护咨询服务。

第四，中国将坚定不移维护地区和世界和平稳定，坚持和平发展、合作共赢，通过平等对话和友好协商妥善处理矛盾和争端，同各国一道致力于消除核恐怖主义和核扩散存在的根源。

各位同事！

加强核安全，既是我们的共同承诺，也是我们的共同责任。让我们携手合作，使各国人民对实现持久核安全更有信心、对核能事业造福人类更有信心！

谢谢大家。

在联合国教科文组织总部的演讲

（2014年3月27日，巴黎）

中华人民共和国主席　习近平

尊敬的博科娃总干事，

女士们，先生们，朋友们：

大家好！有机会来到联合国教科文组织总部，感到十分高兴。首先，我谨对博科娃女士再次当选教科文组织总干事，表示衷心的祝贺！对教科文组织为推动人类文明交流互鉴作出的卓越贡献，表示诚挚的敬意！

教科文组织诞生于69年前，那时世界反法西斯战争硝烟刚刚散去。面对战争给人类带来的惨烈后果，人类又一次反思战争与和平的真谛。千百年来，人类都梦想着持久和平，但战争始终像一个幽灵一样伴随着人类发展历程。此时此刻，世界上很多孩子正生活在战乱的惊恐之中。我们必须作出努力，让战争远离人类，让全世界的孩子们都在和平的阳光下幸福成长。

在教科文组织总部大楼前的石碑上，用多种语言镌刻着这样一句话："战争起源于人之思想，故务需于人之思想中筑起保卫和平之屏障。"

只要世界人民在心灵中坚定了和平理念、扬起了和平风帆，就能形成防止和反对战争的强大力量。人们希望通过文明交流、平等教育、普及科学，消除隔阂、偏见、仇视，播撒和平理念的种子。这就是教科文组织成立的初衷。

这样一种期待，这样一种憧憬，是我们今天依然要坚守的。不仅要坚守，而且要通过跨国界、跨时空、跨文明的教育、科技、文化活动，让和平理念的种子在世界人民心中生根发芽，让我们共同生活的这个星球生长出一片又一片和平的森林。

自1945年成立以来，教科文组织忠实履行使命，在增进世界人民相互了解和信任、推动不同文明交流互鉴方面进行了不懈努力。中国高度重视同教科文组织的合作，愿意加大参与教科文组织的各项活动。为体现对非洲的支持和帮助，我们决定把通过教科文组织向包括非洲国家在内的发展中国家提供的长城奖学金名额由每年

25 人扩大为 75 人,我们还将同教科文组织一道把援助非洲信托基金的活动继续开展下去。

女士们、先生们、朋友们!

文明因交流而多彩,文明因互鉴而丰富。文明交流互鉴,是推动人类文明进步和世界和平发展的重要动力。

推动文明交流互鉴,需要秉持正确的态度和原则。我认为,最重要的是坚持以下几点。

第一,文明是多彩的,人类文明因多样才有交流互鉴的价值。阳光有七种颜色,世界也是多彩的。一个国家和民族的文明是一个国家和民族的集体记忆。人类在漫长的历史长河中,创造和发展了多姿多彩的文明。从茹毛饮血到田园农耕,从工业革命到信息社会,构成了波澜壮阔的文明图谱,书写了激荡人心的文明华章。

“一花独放不是春,百花齐放春满园。”如果世界上只有一种花朵,就算这种花朵再美,那也是单调的。不论是中华文明,还是世界上存在的其他文明,都是人类文明创造的成果。

我参观过法国卢浮宫,也参观过中国故宫博物院,它们珍藏着千万件艺术珍品,吸引人们眼球的正是其展现的多样文明成果。文明交流互鉴不应该以独尊某一种文明或者贬损某一种文明为前提。中国人在2000多年前就认识到了“物之不齐,物之情也”的道理。推动文明交流互鉴,可以丰富人类文明的色彩,让各国人民享受更富内涵的精神生活、开创更有选择的未来。

第二,文明是平等的,人类文明因平等才有交流互鉴的前提。各种人类文明在价值上是平等的,都各有千秋,也各有不足。世界上不存在十全十美的文明,也不存在一无是处的文明,文明没有高低、优劣之分。

我访问过世界上许多地方,最喜欢做的一件事情就是了解五大洲的不同文明,了解这些文明与其他文明的不同之处、独到之处,了解在这些文明中生活的人们的世界观、人生观、价值观。我到过代表古玛雅文明的奇琴伊察,也到过带有浓厚伊斯兰文明色彩的中亚古城撒马尔罕。我深深感到,要了解各种文明的真谛,必须秉持平等、谦虚的态度。如果居高临下对待一种文明,不仅不能参透这种文明的奥妙,而且会与之格格不入。历史和现实都表明,傲慢和偏见是文明交流互鉴的最大障碍。

第三,文明是包容的,人类文明因包容才有交流互鉴的动力。海纳百川,有容乃大。人类创造的各种文明都是劳动和智慧的结晶。每一种文明都是独特的。在文明问题上，生搬硬套、削足适履不仅是不可能的，而且是十分有害的。一切文明成果都值得尊重，一切文明成果都要珍惜。

历史告诉我们，只有交流互鉴，一种文明才能充满生命力。只要秉持包容精神，就不存在什么“文明冲突”，就可以实现文明和谐。这就是中国人常说的：“萝卜青菜，各有所爱。”

中华文明经历了5000多年的历史变迁，但始终一脉相承，积淀着中华民族最深层的精神追求，代表着中华民族独特的精神标识，为中华民族生生不息、发展壮大提供了丰厚滋养。中华文明是在中国大地上产生的文明，也是同其他文明不断交流互鉴而形成的文明。

公元前100多年，中国就开始开辟通往西域的丝绸之路。汉代张骞于公元前138年和119年两次出使西域，向西域传播了中华文化，也引进了葡萄、苜蓿、石榴、胡麻、芝麻等西域文化成果。西汉时期，中国的船队就到达了印度和斯里兰卡，用中国的丝绸换取了琉璃、珍珠等物品。中国唐代是中国历史上对外交流的活跃期。据史料记载，唐代中国通使交好的国家多达70多个，那时候的首都长安里来自各国的使臣、商人、留学生云集成群。

这个大交流促进了中华文化远播世界，也促进了各国文化和物产传入中国。15 世纪初，中国明代著名航海家郑和七次远洋航海，到了东南亚很多国家，一直抵达非洲东海岸的肯尼亚，留下了中国同沿途各国人民友好交往的佳话。明末清初，中国人积极学习现代科技知识，欧洲的天文学、医学、数学、几何学、地理学知识纷纷传入中国，开阔中国人的知识视野。之后，中外文明交流互鉴更是频繁展开，这其中有冲突、矛盾、疑惑、拒绝，但更多是学习、消化、融合、创新。

佛教产生于古代印度，但传入中国后，经过长期演化，佛教同中国儒家文化和道家文化融合发展，最终形成了具有中国特色的佛教文化，给中国人的宗教信仰、哲学观念、文学艺术、礼仪习俗等留下了深刻影响。中国唐代玄奘西行取经，历尽磨难，体现的是中国人学习域外文化的坚韧精神。根据他的故事演绎的神话小说《西游记》，我想大家都知道。中国人根据中华文化发展了佛教思想，形成了独特的佛教理论，而且使佛教从中国传播到了日本、韩国、东南亚等地。

2000 多年来，佛教、伊斯兰教、基督教等先后传入中国，中国音乐、绘画、文学等也不断吸纳外来文明的优长。

中国传统画法同西方油画融合创新，形成了独具魅力的中国写意油画，徐悲鸿等大师的作品受到广泛赞赏。中国的造纸术、火药、印刷术、指南针四大发明带动了世界变革，推动了欧洲文艺复兴。中国哲学、文学、医药、丝绸、瓷器、茶叶等传入西方，渗入西方民众日常生活之中。《马可·波罗游记》令无数人对中国心向往之。

大家都知道，中国有秦俑，人们称之为“地下的军团”。法国总统希拉克参观之后说：“不看金字塔，不算真正到过埃及。不看秦俑，不算真正到过中国。”1987年，这一尘封了2000多年的中华文化珍品被列入世界文化遗产。中国还有大量文明成果被教科文组织列入世界文化遗产、世界非物质文化遗产、世界记忆遗产名录。这里，我要对教科文组织为保存和传播中华文明作出的贡献，表示衷心的感谢！

女士们、先生们、朋友们！

当今世界，人类生活在不同文化、种族、肤色、宗教和不同社会制度所组成的世界里，各国人民形成了你中有我、我中有你的命运共同体。

中国人早就懂得了“和而不同”的道理。生活在2500年前的中国史学家左丘明在《左传》中记录了齐国上大夫晏子关于“和”的一段话:“和如羹焉,水、火、醯、醢、盐、梅,以烹鱼肉。”“声亦如味,一气,二体,三类,四物,五声,六律,七音,八风,九歌,以相成也。”“若以水济水,谁能食之?若琴瑟之专壹,谁能听之?”

世界上有 200 多个国家和地区,2500 多个民族和多种宗教。如果只有一种生活方式,只有一种语言,只有一种音乐,只有一种服饰,那是不可想象的。

雨果说,世界上最宽阔的是海洋,比海洋更宽阔的是天空,比天空更宽阔的是人的胸怀。对待不同文明,我们需要比天空更宽阔的胸怀。文明如水,润物无声。我们应该推动不同文明相互尊重、和谐共处,让文明交流互鉴成为增进各国人民友谊的桥梁、推动人类社会进步的动力、维护世界和平的纽带。我们应该从不同文明中寻求智慧、汲取营养,为人们提供精神支撑和心灵慰藉,携手解决人类共同面临的各种挑战。

1987 年,在中国陕西的法门寺,地宫中出土了 20 件美轮美奂的琉璃器,这是唐代传入中国的东罗马和伊斯兰的琉璃器。我在欣赏这些域外文物时,一直在思考一个问题,就是对待不同文明,不能只满足于欣赏它们产生的精美物件,更应该去领略其中包含的人文精神;不能只满足于领略它们对以往人们生活的艺术表现，更应该让其中蕴藏的精神鲜活起来。

女士们、先生们、朋友们！

拿破仑曾经说过，世上有两种力量：利剑和思想；从长而论，利剑总是败在思想手下。我们要积极发展教育事业，通过普及教育，启迪心智，传承知识，陶冶情操，使人们在持续的格物致知中更好认识各种文明的价值，让教育为文明传承和创造服务。我们要大力发展科技事业，通过科技进步和创新，认识自我，认识世界，改造社会，使人们在持续的天工开物中更好掌握科技知识和技能，让科技为人类造福。我们要大力推动文化事业发展，通过文化交流，沟通心灵，开阔眼界，增进共识，让人们在持续的以文化人中提升素养，让文化为人类进步助力。

女士们、先生们、朋友们！

中国人民正在为实现中华民族伟大复兴的中国梦而奋斗。实现中华民族伟大复兴的中国梦，就是要实现国家富强、民族振兴、人民幸福，既深深体现了今天中国人的理想，也深深反映了中国人自古以来不懈追求进步的光荣传统。

实现中国梦，是物质文明和精神文明均衡发展、相互促进的结果。没有文明的继承和发展，没有文化的弘扬和繁荣，就没有中国梦的实现。中华民族的先人们早就向往人们的物质生活充实无忧、道德境界充分升华的大同世界。中华文明历来把人的精神生活纳入人生和社会理想之中。所以，实现中国梦，是物质文明和精神文明比翼双飞的发展过程。随着中国经济社会不断发展，中华文明也必将顺应时代发展焕发出更加蓬勃的生命力。

每一种文明都延续着一个国家和民族的精神血脉，既需要薪火相传、代代守护，更需要与时俱进、勇于创新。中国人民在实现中国梦的进程中，将按照时代的新进步，推动中华文明创造性转化和创新性发展，激活其生命力，把跨越时空、超越国度、富有永恒魅力、具有当代价值的文化精神弘扬起来，让收藏在博物馆里的文物、陈列在广阔大地上的遗产、书写在古籍里的文字都活起来，让中华文明同世界各国人民创造的丰富多彩的文明一道，为人类提供正确的精神指引和强大的精神动力。

女士们、先生们、朋友们！

“等闲识得东风面，万紫千红总是春。”明年是教科文组织成立70周年，我相信，在博科娃总干事领导下，教科文组织一定能为推动人类文明交流互鉴、促进世界和平谱写新的篇章。

谢谢大家。

在中法建交五十周年纪念大会上的讲话

（2014 年 3 月 27 日，巴黎）

中华人民共和国主席　习近平

尊敬的奥朗德总统，

女士们，先生们，朋友们：

在这春光明媚的日子，同大家在美丽的巴黎欢聚一堂，纪念中法建交 50 周年，感到十分高兴。首先，我谨代表中国政府和人民，并以我个人的名义，向在座各位，并通过各位，向长期致力于中法友好事业的各界人士，向友好的法国人民，致以诚挚的问候和良好的祝愿！

中法关系正处在承前启后的重要时刻。我来到法国，带来的是中国政府和人民对中法两国人民友谊的美好回忆和深化中法全面战略伙伴关系的真诚愿望。

“吃水不忘挖井人。”此时此刻，我们都会想起两位伟人。50 年前，在东西方冷战正酣的大背景下，毛泽东主席和戴高乐将军以超凡的战略眼光，毅然作出中法全面建交的历史性决策，在中法之间同时也在中国同西方世界之间打开了相互认知和交往的大门。从此，中法关系成为世界大国关系中的一对特殊关系，始终走在中国同西方主要发达国家关系前列。

总结过去的 50 年，中法两国和两国人民在发展两国关系中，共同培育了独立自主、相互理解、高瞻远瞩、合作共赢的精神。这一精神，对我们开创中法关系更加美好的未来具有重要指导意义。

——独立自主，是中华民族和法兰西民族的共有禀赋。中国和法国都是有着独特文明的古老国度。以黄河长江和卢瓦尔—罗讷水系为母亲河的两个伟大民族，都曾经长期引领各自所在地区的文明发展进程。老子、孔子、墨子、孟子、庄子等中国诸子百家学说至今仍然具有世界性的文化意义，声名远扬的法国思想家们为全人类提供了宝贵精神财富。进入近现代，两国都经历了民族苦难、战火洗礼和对发展模式的艰辛探索，走出了符合本国国情的发展道路。中法都坚持独立自主的外交政策，不随波逐流，不随风起舞，积极倡导和致力于多边主义、世界多极化、国际关系民主化。

——相互理解，是中法关系发展的重要基石。50年前，戴高乐将军说："中法两大民族都对对方怀有深厚的仰慕和尊敬，两国间存在的明显默契总有一天会发展成一种越来越深厚的合作。"两国特色鲜明的文化深深吸引着对方人民。历史上，中华文化曾经成为法国社会的时尚，在法国启蒙思想家的著作和凡尔赛宫的装饰中都能找到中华文化元素。同样，法国作家和艺术家的传世之作也深受广大中国读者喜爱。50年来，中法两国和两国人民相互尊重、平等相待、彼此信任，为两国关系走稳走远打下了重要基础。

我们都知道，中国共产党老一代领导人中很多是在法国负笈求学的，周恩来、邓小平、蔡和森、陈毅、聂荣臻等人就是他们中的佼佼者。由于这个原因，我青年时代就对法国文化抱有浓厚兴趣，法国的历史、哲学、文学、艺术深深吸引着我。读法国近现代史特别是法国大革命史的书籍，让我丰富了对人类社会政治演进规律的思考。读孟德斯鸠、伏尔泰、卢梭、狄德罗、圣西门、傅立叶、萨特等人的著作，让我加深了对思想进步对人类社会进步作用的认识。读蒙田、拉封丹、莫里哀、司汤达、巴尔扎克、雨果、大仲马、乔治·桑、福楼拜、小仲马、莫泊桑、罗曼·罗兰等人的著作，让我增加了对人类生活中悲欢离合的感触。冉阿让、卡西莫多、羊脂球等艺术形象至今仍栩栩如生地存在于我的脑海之中。欣赏米勒、马奈、德加、塞尚、莫奈、罗丹等人的艺术作品，以及赵无极中西合璧的画作，让我提升了自己的艺术鉴赏能力。还有，读凡尔纳的科幻小说，让我的头脑充满了无尽的想象。当然，法国的歌剧、芭蕾舞、建筑、体育、美食、时尚、电影等在中国也有广泛的吸引力。了解法兰西文化，使我能够更好认识中华文化，更好领略人类文明的博大精深、丰富多彩。

——**高瞻远瞩，是中法关系发展的根本保证**。50年来，中法历代领导人以登高望远的战略眼光，“不畏浮云遮望眼”，坚持不懈进行着超越集团对抗、求同存异、和平共处、互利共赢的探索和实践。法国是第一个同中国建立全面伙伴关系、全面战略伙伴关系，开展战略对话的西方大国。中法两国开展了许多具有开创性的战略合作。两国在国际事务中保持密切沟通，积极推动国际秩序朝着更加公正合理的方向发展。

——**互利共赢，是中法关系持续发展的强大动力**。中法合作是双赢的事业，两国人民是这一事业的最大受益者。50年来，双边贸易额比建交之初增加500多倍；人员往来从无到有，已经接近每年200万人次；有5万法国人正在学习汉语，学习法语的中国人数达到10万。不久前，苏菲·玛索走上了中国收视率极高的马年春节联欢晚会舞台。中法合作潜移默化影响着两国人民生活，必将为中华民族和法兰西民族创造出越来越多的福祉。

女士们、先生们、朋友们！

孔子说："五十而知天命。"在中法关系进入"知天命"之年，我们要抓住当下、面向明天，更好规划中法关系未来发展，让中法关系更加紧密、更加持久、更加特殊。

第一，坚持互尊互信，巩固中法关系政治基础。双方要牢牢把握两国关系发展的正确方向，同舟共济、荣辱与共，坦诚沟通、求同存异，坚定支持对方维护本国主权、安全、发展等核心利益的努力，加强战略对话，深化战略合作，妥善处理分歧，增强中法关系的战略性、稳定性、可预见性，更好维护共同利益。

第二，坚持互利共赢，夯实中法关系经济基础。只有敢为人先，经济合作之路才能越走越宽，中法高水平的政治关系才能转化为两国人民的福祉。刚刚发表的中法关系中长期规划是未来一段时期两国务实合作指南。中方愿意同法方一道，牢固树立利益共同体意识，寻找更多利益契合点，深化经济合作。

第三，坚持世代友好，筑牢中法关系社会基础。双方要以建交50周年庆祝活动为契机，以刚刚建立的中法高级别人文交流机制为平台，积极推动两国社会各界广泛开展交流合作，使两国人民成为中法友好合作的坚定支持者、积极建设者、真正受益者，尤其要引导两国广大青年投身到中法友好事业中来。

第四，坚持开放进取，共同促进世界经济增长。要提高经济合作水平，推动贸易和投资自由化便利化，反对保护主义，符合世界各国共同利益。要加强宏观经济政策协调，推动国际经济、金融、货币体系改革，推动建设开放公平的多边贸易体系，加强国际援助交流合作，推动经济全球化朝着普惠共赢的方向发展。

第五，坚持紧密协作，携手应对全球性挑战。双方要加强在国际和地区事务中的磋商、协调、配合，继续推动世界多极化、国际关系民主化，推动平等协商集体制定国际规则，使中法关系成为维护世界和平、促进人类进步的重要力量。

女士们、先生们、朋友们！

有梦想，有机会，有奋斗，一切美好的东西都能创造出来。当前，中国人民正在为实现中华民族伟大复兴的中国梦而奋斗。奥朗德总统也提出了法国梦。去年奥朗德总统访华时还向我建议，在两国人民实现各自梦想的基础上，努力实现"中法梦"。

近代以来，中华民族最大的梦想就是实现中华民族伟大复兴。中国的历史文化、历史命运、历史条件决定了中国人民必须在自己选择的道路上实现自己的梦想。

——中国梦是追求和平的梦。中国梦需要和平，只有和平才能实现梦想。天下太平、共享大同是中华民族绵延数千年的理想。历经苦难，中国人民珍惜和平，希望同世界各国一道共谋和平、共护和平、共享和平。历史将证明，实现中国梦给世界带来的是机遇不是威胁，是和平不是动荡，是进步不是倒退。拿破仑说过，中国是一头沉睡的狮子，当这头睡狮醒来时，世界都会为之发抖。中国这头狮子已经醒了，但这是一只和平的、可亲的、文明的狮子。

——中国梦是追求幸福的梦。中国梦是中华民族的梦，也是每个中国人的梦。我们的方向就是让每个人获得发展自我和奉献社会的机会，共同享有人生出彩的机会，共同享有梦想成真的机会，保证人民平等参与、平等发展权利，维护社会公平正义，使发展成果更多更公平惠及全体人民，朝着共同富裕方向稳步前进。

——中国梦是奉献世界的梦。“穷则独善其身，达则兼善天下。”这是中华民族始终崇尚的品德和胸怀。中国一心一意办好自己的事情，既是对自己负责，也是为世界作贡献。随着中国不断发展，中国已经并将继续尽己所能，为世界和平与发展作出自己的贡献。

为了实现中国梦，我们确立了“两个一百年”奋斗目标，就是到2020年实现国内生产总值和城乡居民人均收入比2010年翻一番，全面建成小康社会；到本世纪中叶建成富强民主文明和谐的社会主义现代化国家，实现中华民族伟大复兴。

我们认识到，为了实现中国梦，必须全面深化改革，进一步解放思想、解放和发展社会生产力、解放和增强社会活力。去年11月，中国共产党召开了十八届三中全会，对全面深化改革作出总体部署，吹响了新一轮全面改革的集合号。我们将通过经济、政治、文化、社会、生态文明等各领域改革，完善和发展中国特色社会主义制度、推进国家治理体系和治理能力现代化，使市场在资源配置中起决定性作用，更好发挥政府作用。目前，这些改革举措都建立了总台账、明确了责任制，正在逐项抓落实。展望未来，中国发展潜力巨大、前景广阔，中国发展必将为世界各国提供更大合作空间。

“万物并育而不相害，道并行而不相悖。”中国梦是法国的机遇，法国梦也是中国的机遇。开创紧密持久的中法全面战略伙伴关系新时代，是我们唯一正确的选择，也是我这次访法期间，同奥朗德总统达成的最重要战略共识。我真诚希望，中法两国和两国人民在实现中国梦和法国梦的过程中相互理解、相互帮助，共同实现“中法梦”。

女士们、先生们、朋友们！

国之交在于民相亲。中法关系能有今天这样的好局面，要归功于两国人民心灵相通、感情相亲、守望相助。

我们不会忘记，无数法国友人为中国各项事业发展作出了重要贡献。他们中有冒着生命危险开辟一条自行车“驼峰航线”、把宝贵的药品运往中国抗日根据地的法国医生贝熙叶，有在四川汶川特大地震期间临危不惧、在强烈余震中舍身守护被困电梯的中国小女孩的法国军医乌埃尔，有倾力支持中国失学儿童上学的法国公益人士方芳，有培养出多位中国佩剑世界冠军的鲍埃尔教练，还有刚刚担任中国国家男子足球队主教练的阿兰·佩兰先生。中国广大球迷对他寄予了热切期待，我祝他好运。

法国有一句谚语："一点又一点，小鸟筑成巢。"中国也有一句古语："合抱之木，生于毫末；九层之台，起于累土。"中法友谊是两国人民辛勤耕耘的结果。借此机会，我要向这些为中法友好事业默默奉献的人们致以崇高的敬意！

女士们、先生们、朋友们！

抚今追昔，我对在新的历史起点上继续推进中法友好事业充满信心。让我们携手努力，共创中法关系美好前景！

谢谢大家。

在德国科尔伯基金会的演讲

（2014年3月28日，柏林）

中华人民共和国主席　习近平

尊敬的魏茨泽克前总统，

尊敬的施密特前总理，

尊敬的魏迈尔副主席，

女士们，先生们，朋友们：

古腾塔克！大家好！我很高兴应魏茨泽克前总统和科尔伯基金会的邀请，与大家见面。首先，我谨对科尔伯基金会在促进中欧相互了解和理解方面作出的努力和贡献，表示诚挚的谢意！

5年前，我曾访问过贵国。当时，国际金融危机影响还在发酵，欧债问题初露端倪，全球经济笼罩在一片不安之中，颇有“黑云压城城欲摧”之感。那次访问期间，中德决定推动各领域合作向更高层次迈进，以实际行动共克时艰。

5 年后，我高兴地看到，欧洲在应对主权债务问题上取得了积极进展，经济复苏迹象明显。德国作为欧洲经济“稳定锚”和欧洲一体化的推动者，发挥了关键作用，赢得了国际社会赞誉。我们为中国同德国和欧洲合作应对国际金融危机冲击取得的成果感到高兴。

当前，中德关系正处在历史最好时期，双方交流合作的广度、深度、热度都达到了前所未有的水平。事实证明，中德实现优势互补、共同发展，不仅可以造福两国和两国人民，而且可以为世界和平与发展发挥重要促进作用。

女士们、先生们、朋友们！

为什么中德两国交流合作能出现这样的好局面？我认为，一个重要因素就是经过双方长期努力，懂得了不同历史文化、不同国情、不同社会制度的国家要相互理解、真诚相待，善于倾听对方意见，设身处地从对方的角度思考问题。

相互了解、相互理解是促进国家关系发展的基础性工程。了解越多，理解越深，交流合作的基础就越牢固、越广泛。

众所周知,经过改革开放30多年的快速发展,中国经济总量已经位居世界第二。面对中国的块头不断长大,有些人开始担心,也有一些人总是戴着有色眼镜看中国,认为中国发展起来了必然是一种"威胁",甚至把中国描绘成一个可怕的"墨菲斯托",似乎哪一天中国就要摄取世界的灵魂。尽管这种论调像天方夜谭一样,但遗憾的是,一些人对此却乐此不疲。这只能再次证明了一条真理:偏见往往最难消除。

纵观人类历史,把人们隔离开来的往往不是千山万水,不是大海深壑,而是人们相互认知上的隔膜。莱布尼茨说,唯有相互交流我们各自的才能,才能共同点燃我们的智慧之灯。

借此机会,我想以中国坚持走和平发展道路为题,就中国改革发展谈点体会,希望有助于增进大家对中国的了解和理解。

中国早就向世界郑重宣示:中国坚定不移走和平发展道路,既通过维护世界和平发展自己,又通过自身发展维护世界和平。走和平发展道路,是中国对国际社会关注中国发展走向的回应,更是中国人民对实现自身发展目标的自信和自觉。这种自信和自觉,来源于中华文明的深厚渊源，来源于对实现中国发展目标条件的认知，来源于对世界发展大势的把握。

中华民族是爱好和平的民族。一个民族最深沉的精神追求，一定要在其薪火相传的民族精神中来进行基因测序。有着5000多年历史的中华文明，始终崇尚和平，和平、和睦、和谐的追求深深植根于中华民族的精神世界之中，深深溶化在中国人民的血脉之中。中国自古就提出了“国虽大，好战必亡”的箴言。“以和为贵”、“和而不同”、“化干戈为玉帛”、“国泰民安”、“睦邻友邦”、“天下太平”、“天下大同”等理念世代相传。中国历史上曾经长期是世界上最强大的国家之一，但没有留下殖民和侵略他国的记录。我们坚持走和平发展道路，是对几千年来中华民族热爱和平的文化传统的继承和发扬。

中国已经确定了未来发展目标，这就是到2020年国内生产总值和城乡居民人均收入比2010年翻一番、全面建成小康社会，到本世纪中叶建成富强民主文明和谐的社会主义现代化国家。我们形象地把这个目标概括为实现中华民族伟大复兴的中国梦。中国有13亿多人，只要道路正确，整体的财富水平和幸福指数可以迅速上升，但每个个体的财富水平和幸福指数的提高就不那么容易了。同样一桌饭,即使再丰盛,8 个人吃和 80 个人吃、800 个人吃是完全不一样的。我们深知,在相当长时期内,中国仍然是世界上最大的发展中国家,提高 13 亿多人的生活水平和质量需要我们付出艰苦的努力。中国要聚精会神搞建设,需要两个基本条件,一个是和谐稳定的国内环境,一个是和平安宁的国际环境。

历史是最好的老师,它忠实记录下每一个国家走过的足迹,也给每一个国家未来的发展提供启示。从 1840 年鸦片战争到 1949 年新中国成立的 100 多年间,中国社会战火频频、兵燹不断,内部战乱和外敌入侵循环发生,给中国人民带来了不堪回首的苦难。仅日本军国主义发动的侵华战争,就造成了中国军民伤亡 3500 多万人的人间惨剧。这段悲惨的历史,给中国人留下了刻骨铭心的记忆。中国人历来讲求"己所不欲,勿施于人"。中国需要和平,就像人需要空气一样,就像万物生长需要阳光一样。只有坚持走和平发展道路,只有同世界各国一道维护世界和平,中国才能实现自己的目标,才能为世界作出更大贡献。

中国民主革命的先行者孙中山先生说:"世界潮流,浩浩荡荡,顺之则昌,逆之则亡。"历史告诉我们,一个国家要发展繁荣,必须把握和顺应世界发展大势,反之必然会被历史抛弃。什么是当今世界的潮流?答案只有一个,那就是和平、发展、合作、共赢。中国不认同“国强必霸”的陈旧逻辑。当今世界,殖民主义、霸权主义的老路还能走得通吗?答案是否定的。不仅走不通,而且一定会碰得头破血流。只有和平发展道路可以走得通。所以,中国将坚定不移走和平发展道路。

事实胜于雄辩。几十年来,中国始终坚持独立自主的和平外交政策,始终强调中国外交政策的宗旨是维护世界和平、促进共同发展。中国多次公开宣示,中国反对各种形式的霸权主义和强权政治,不干涉别国内政,永远不称霸,永远不搞扩张。我们在政策上是这样规定的、制度上是这样设计的,在实践中更是一直这样做的。当然,中国将坚定不移维护自己的主权、安全、发展利益,任何国家都不要指望我们会吞下损害中国主权、安全、发展利益的苦果。

总之,中国走和平发展道路,不是权宜之计,更不是外交辞令,而是从历史、现实、未来的客观判断中得出的结论,是思想自信和实践自觉的有机统一。和平发展道路对中国有利、对世界有利,我们想不出有任何理由不坚持这条被实践证明是走得通的道路。

女士们、先生们、朋友们！

去年11月，中国共产党召开了十八届三中全会，对未来中国改革开放作出了顶层设计，提出了改革的路线图和时间表，我们的总目标是完善和发展中国特色社会主义制度、推进国家治理体系和治理能力现代化，为中国长远发展奠定更好的制度基础。

中国正在加快推进新型工业化、信息化、城镇化、农业现代化，将激发巨大的投资和消费需求。中国人均国内生产总值已接近7000美元，进入了居民消费结构和产业结构快速升级的时期。2013年，中国服务业比重首次超过工业制造业。中国服务业比重和地位将继续提高，高附加值和高技术产业比重将不断上升，新的消费热点和经济增长点也将不断涌现。未来5年，中国预计将进口超过10万亿美元的商品，对外投资规模累计将超过5000亿美元，还将有超过5亿人次出境旅游。

中国先哲老子讲："大邦者下流。"就是说，大国要像居于江河下游那样，拥有容纳天下百川的胸怀。中国愿意以开放包容心态加强同外界对话和沟通，虚心倾听世界的声音。我们期待时间能够消除各种偏见和误解，也期待外界能够更多以客观、历史、多维的眼光观察中国，真正认识一个全面、真实、立体的中国。

中国的发展绝不以牺牲别国利益为代价，我们绝不做损人利己、以邻为壑的事情。我们将从世界和平与发展的大义出发，贡献处理当代国际关系的中国智慧，贡献完善全球治理的中国方案，为人类社会应对21世纪的各种挑战作出自己的贡献。

女士们、先生们、朋友们！

中华民族和德意志民族是两个伟大民族，为人类文明进步作出了重大贡献。德国不仅以其发达的科学技术和现代制造业闻名世界，而且在哲学、文学、音乐等领域诞生许多享誉全球的巨擘，他们的许多作品早已为中国民众所熟知。这些作品中，有歌德、席勒、海涅等人的文学巨著和不朽诗篇，有莱布尼茨、康德、黑格尔、费尔巴哈、马克思、海德格尔、马尔库塞等人的哲学辩论，有巴赫、贝多芬、舒曼、勃拉姆斯等人的优美旋律。包括我本人在内的很多中国读者都从他们的作品中获得愉悦、感受到思想的力量、加深了对世界和人生的认识。

德国人说，山和山不相遇，人和人要相逢。中国人民同德国人民有着悠久交往历史和深厚友谊。此时此刻，我不由得想起了一位中国人民爱戴的德国友人，他就是拉贝。70多年前，日本军国主义侵入中国南京市，制造了屠杀30多万中国军民的惨绝人寰的血案。在那个危急关头，拉贝联络了其他十几位在华外国人士，设立了“南京安全区”，为20多万中国人提供了栖身之所。拉贝在日记中详细记录了大屠杀内情，成为研究这段历史的重要证据。1996年，中德共同建立的拉贝纪念馆在南京开放。去年底，由南京市建造的拉贝墓园修复工程落成。中国人民纪念拉贝，是因为他对生命有大爱、对和平有追求。

还有一位德国友人叫诺博，是德国葡萄专家，2000年至2009年间他同助手汉斯17次来到中国山东枣庄，向当地农民传授葡萄栽培、嫁接改优技术，将传承几百年的家族商标无偿授予当地酒厂使用。诺博和汉斯资助了8名当地家庭经济困难学生上学。2007年，汉斯突患癌症，弥留之际仍不忘自己资助的两名学生尚未念完高中，嘱托诺博把2000元助学款带给他们。2008年8月1日，当诺博把钱交到孩子手中时，在场的所有人都感动得潸然泪下。

这只是中德两国人民友好的两个感人片段。长期以来，众多的德国朋友为中德关系发展、为中国改革开放事业作出了重要贡献。

21 世纪是合作的世纪。心胸有多宽,合作舞台就有多广。未来 5 年至 10 年对中德来说都是改革发展的关键时期。随着改革进程的深化,两国合作将呈现更多契合点,不断获得新动力。我相信,当“德国制造”和“中国制造”真诚牵手合作,我们所制造的将不只是高质量的产品,更是两国人民的幸福和理想。作为亚洲和欧洲最主要的两大经济体,中德经济加强融合,实现亚欧两大经济增长极强强联手,定将对世界经济产生积极影响。

女士们、先生们、朋友们!

今年是第一次世界大战爆发 100 周年、第二次世界大战爆发 75 周年。德国文学家莱辛说,历史不应该是记忆的负担,而应该是理智的启迪。贵国前总理勃兰特曾经说过:“谁忘记历史,谁就会在灵魂上生病。”中国人说,前事不忘,后事之师。中国人民从自身经历中形成了走和平发展道路的自觉选择,我们也真诚希望世界各国都走和平发展道路,携手建设持久和平、共同繁荣的和谐世界。

谢谢大家。

在布鲁日欧洲学院的演讲

（2014 年 4 月 1 日，布鲁日）

中华人民共和国主席　习近平

尊敬的菲利普国王夫妇，

尊敬的范龙佩主席，

尊敬的迪吕波首相，

尊敬的德维戈主席、莫纳尔院长，

尊敬的各位使节，

老师们，同学们，

女士们，先生们，朋友们：

大家好！很高兴来到欧洲学院同大家见面。首先，我向学院的老师们、同学们，向各位关心和支持中国发展的欧洲朋友们，致以诚挚的问候和良好的祝愿！

在弗拉芒语中，布鲁日就是“桥”的意思。桥不仅方便了大家的生活，同时也是沟通、理解、友谊的象征。我这次欧洲之行，就是希望同欧洲朋友一道，在亚欧大陆架起一座友谊和合作之桥。

刚才，我和菲利普国王夫妇一起，参观了位于根特的沃尔沃汽车工厂。这家工厂是比利时最大的汽车生产企业，也是中国、比利时、瑞典三方经济技术合作的典范，在“中国投资”和“欧洲技术”之间架起了一座互利共赢的桥梁。

欧洲学院诞生于第二次世界大战结束之后，是人们反思战争、渴望和平的产物。人类历史总是伴随着战争魔咒。第二次世界大战的惨烈，促使欧洲人民痛定思痛，在让·莫内、罗伯特·舒曼等一批政治家领导下，开始联合自强，为实现持久和平与繁荣而奋斗。

经过半个多世纪发展，欧洲学院不仅成为欧盟的重要智库，而且成为“欧洲政治精英的摇篮”。范龙佩先生说，欧洲学院“始终位于欧洲一体化的核心”，体现了“在战争废墟上诞生的欧洲信念”。

老师们、同学们！

就在欧洲学院成立的 1949 年，中华人民共和国成立了，中华民族的发展从此开启了新的历史纪元。1975 年，周恩来总理和索姆斯爵士审时度势，作出了中欧建交的决定。现在，中欧建立了全面战略伙伴关系，在60多个领域建立了对话磋商机制；2013年双方贸易额达到5591亿美元，双方每年人员往来500多万人次，留学生总数近30万人。中欧关系已经成为世界上最具影响力的双边关系之一。

同时，我们也要看到，中欧关系发展空间还很大，潜力还远远没有发挥出来。为了把中欧关系推向前进，中方需要加深对欧洲的了解，欧方也需要加深对中国的了解。历史是现实的根源，任何一个国家的今天都来自昨天。只有了解一个国家从哪里来，才能弄懂这个国家今天怎么会是这样而不是那样，也才能搞清楚这个国家未来会往哪里去和不会往哪里去。

借此机会，我想给大家谈谈中国是一个什么样的国家，希望有助于大家观察中国、研究中国、认识中国。介绍中国是一个很大的课题，我选择中国几个最显著的特点来讲讲。

第一，中国是有着悠久文明的国家。在世界几大古代文明中，中华文明是没有中断、延续发展至今的文明，已经有5000多年历史了。我们的祖先在几千年前创造的文字至今仍在使用。2000多年前，中国就出现了诸子百家的盛况，老子、孔子、墨子等思想家上究天文、下穷地理，广泛探讨人与人、人与社会、人与自然关系的真谛，提出了博大精深的思想体系。他们提出的很多理念，如孝悌忠信、礼义廉耻、仁者爱人、与人为善、天人合一、道法自然、自强不息等，至今仍然深深影响着中国人的生活。中国人看待世界、看待社会、看待人生，有自己独特的价值体系。中国人独特而悠久的精神世界，让中国人具有很强的民族自信心，也培育了以爱国主义为核心的民族精神。

第二，中国是经历了深重苦难的国家。在工业革命发生前的几千年时间里，中国经济、科技、文化一直走在世界的第一方阵之中。近代以后，中国的封建统治者夜郎自大、闭关锁国，导致中国落后于时代发展步伐，中国逐步成为半殖民地半封建社会。外国列强入侵不断，中国社会动荡不已，人民生活极度贫困。穷则思变，乱则思定。中国人民经过逾百年前赴后继的不屈抗争，付出几千万人伤亡的巨大牺牲，终于掌握了自己的命运。中国人民对被侵略、被奴役的历史记忆犹新，尤其珍惜今天的生活。中国人民希望和平、反对战争，所以始终奉行独立自主的和平外交政策，坚持不干涉别国内政、也不允许别人干涉中国内政。我们过去一直是这样做的，今后也会这样做下去。

第三，中国是实行中国特色社会主义的国家。1911年，孙中山先生领导的辛亥革命，推翻了统治中国几千年的君主专制制度。旧的制度推翻了，中国向何处去？中国人苦苦寻找适合中国国情的道路。君主立宪制、复辟帝制、议会制、多党制、总统制都想过了、试过了，结果都行不通。最后，中国选择了社会主义道路。在建设社会主义实践中，我们有成功也有失误，甚至发生过严重曲折。改革开放以后，在邓小平先生领导下，我们从中国国情和时代要求出发，探索和开拓国家发展道路，形成了中国特色社会主义，提出要建设社会主义市场经济、民主政治、先进文化、和谐社会、生态文明，维护社会公平正义，促进人的全面发展，坚持和平发展，全面建成小康社会，进而实现现代化，逐步实现全体人民共同富裕。独特的文化传统，独特的历史命运，独特的国情，注定了中国必然走适合自己特点的发展道路。我们走出了这样一条道路，并且取得了成功。

第四，中国是世界上最大的发展中国家。中国发展取得了历史性进步，经济总量已经跃升到世界第二位。

作为有着13亿多人口的国家，中国用几十年的时间走完了发达国家几百年走过的发展历程，无疑是值得骄傲和自豪的。同时，我们也清醒认识到，中国经济总量虽大，但除以13亿多人口，人均国内生产总值还排在世界第八十位左右。中国城乡低保人口有7400多万人，每年城镇新增劳动力有1000多万人，几亿农村劳动力需要转移就业和落户城镇，还有8500多万残疾人。根据世界银行的标准，中国还有2亿多人口生活在贫困线以下，这差不多相当于法国、德国、英国人口的总和。今年春节前后的40天里，中国航空、铁路、公路承载了大约36亿人次的流动，相当于每天都有9000万人在流动之中。所以，让13亿多人都过上好日子，还需要付出长期的艰苦努力。中国目前的中心任务依然是经济建设，并在经济发展的基础上推动社会全面进步。

第五，中国是正在发生深刻变革的国家。我们的先人早就提出了“天行健，君子以自强不息”的思想，强调要“苟日新，日日新，又日新”。在激烈的国际竞争中前行，就如同逆水行舟，不进则退。改革是由问题倒逼而产生，又在不断解决问题中而深化。我们强调，改革开放只有进行时、没有完成时。中国已经进入改革的深水区，需要解决的都是难啃的硬骨头，这个时候需要“明知山有虎，偏向虎山行”的勇气，不断把改革推向前进。我们推进改革的原则是胆子要大、步子要稳。“图难于其易，为大于其细。天下难事，必作于易；天下大事，必作于细。”随着中国改革不断推进，中国必将继续发生深刻变化。同时，我也相信，中国全面深化改革，不仅将为中国现代化建设提供强大推动力量，而且将为世界带来新的发展机遇。

总之，观察和认识中国，历史和现实都要看，物质和精神也都要看。中华民族5000多年文明史，中国人民近代以来170多年斗争史，中国共产党90多年奋斗史，中华人民共和国60多年发展史，改革开放30多年探索史，这些历史一脉相承，不可割裂。脱离了中国的历史，脱离了中国的文化，脱离了中国人的精神世界，脱离了当代中国的深刻变革，是难以正确认识中国的。

世界是多向度发展的，世界历史更不是单线式前进的。中国不能全盘照搬别国的政治制度和发展模式，否则的话不仅会水土不服，而且会带来灾难性后果。2000多年前中国人就认识到了这个道理：“橘生淮南则为橘，生于淮北则为枳，叶徒相似，其实味不同。所以然者何？

水土异也。”

有一个法国作家说，朋友看朋友是透明的，他们彼此交换生命。希望我的介绍能够让中国在你们眼前更透明一些。我也真诚希望，欧洲学院能够培养出大批了解中国、理解中国的人才，为中欧关系发展源源不断提供人才和智力支撑。

老师们、同学们！

中国和欧洲虽然远隔万里，但都生活在同一个时间、同一个空间之内，生活息息相关。当前，中欧都处于发展的关键时期，都面临着前所未有的机遇和挑战。刚才，我说到我们希望同欧洲朋友一道，在亚欧大陆架起一座友谊和合作之桥。我们要共同努力建造和平、增长、改革、文明四座桥梁，建设更具全球影响力的中欧全面战略伙伴关系。

——我们要建设和平稳定之桥，把中欧两大力量连接起来。中国和欧盟面积占世界十分之一，人口占世界四分之一，在联合国安理会拥有 3 个常任理事国席位。要和平不要战争、要多边不要单边、要对话不要对抗是双方的共识。我们要加强在全球性问题上的沟通和协调，为维护世界和平稳定发挥关键性作用。文明文化可以传播，和平发展也可以传播。中国愿意同欧盟一道，让和平的阳光驱走战争的阴霾，让繁荣的篝火温暖世界经济的春寒，促进全人类走上和平发展、合作共赢的道路。

——我们要建设增长繁荣之桥，把中欧两大市场连接起来。中国和欧盟经济总量占世界三分之一，是世界最重要的两大经济体。我们要共同坚持市场开放，加快投资协定谈判，积极探讨自由贸易区建设，努力实现到2020年双方贸易额达到10000亿美元的宏伟目标。我们还要积极探讨把中欧合作和丝绸之路经济带建设结合起来，以构建亚欧大市场为目标，让亚欧两大洲人员、企业、资金、技术活起来、火起来，使中国和欧盟成为世界经济增长的双引擎。

——我们要建设改革进步之桥，把中欧两大改革进程连接起来。中国和欧盟都在经历人类历史上前所未有的改革进程，都在走前人没有走过的路。双方要加强在宏观经济、公共政策、区域发展、农村发展、社会民生等领域对话和合作，尊重双方的改革道路，借鉴双方的改革经验，以自身改革带动世界发展进步。

——我们要建设文明共荣之桥，把中欧两大文明连接起来。中国是东方文明的重要代表，欧洲则是西方文明的发祥地。正如中国人喜欢茶而比利时人喜爱啤酒一样，茶的含蓄内敛和酒的热烈奔放代表了品味生命、解读世界的两种不同方式。但是，茶和酒并不是不可兼容的，既可以酒逢知己千杯少，也可以品茶品味品人生。中国主张“和而不同”，而欧盟强调“多元一体”。中欧要共同努力，促进人类各种文明之花竞相绽放。

无论国际风云如何变幻，中国始终支持欧洲一体化进程，始终支持一个团结、稳定、繁荣的欧盟在国际事务中发挥更大作用。中国即将发表第二份对欧盟政策文件，重申中国对欧盟和发展中欧关系的高度重视。去年，中欧共同制定了中欧合作2020战略规划，在近百个领域提出了一系列具有雄心的合作目标。双方应该一道努力，尽早把蓝图变为现实，让未来10年的中欧关系更加美好。

老师们、同学们！

近年来，欧洲学院日益重视中国，开设了欧中关系课程，还积极筹建欧中研究中心，致力于欧中关系研究。中方决定同欧洲学院共建中国在欧盟国家的第一个“中国馆”，提供1万册介绍中国历史、文化等各领域发展情况的图书和影视片用于学术研究。

“读万卷书”，还要“行万里路”。建议同学们多到中国去看看。耳闻是虚，眼观为实。中国愿同欧方一道努力，争取到 2020 年实现中欧学生年度双向交流达到 30 万人次。

青年最富有朝气、最富有梦想。中国的未来属于年轻一代，欧洲的未来属于年轻一代，世界的未来属于年轻一代。希望中欧双方的同学们用平等、尊重、爱心来看待这个世界，用欣赏、包容、互鉴的态度来看待世界上的不同文明，促进中国和欧洲人民的相互了解和理解，促进中国、欧洲同世界其他国家人民的相互了解和理解，用青春的活力和青春的奋斗，让我们生活的这个星球变得更加美好。

谢谢大家。

附　　录

打开欧洲之门　携手共创繁荣

——在荷兰《新鹿特丹商业报》上发表的署名文章

中华人民共和国主席　习近平

3月22日，我飞赴荷兰，展开我担任中华人民共和国主席以来对欧洲的首次正式访问。这次访问涵盖欧洲大小国家、欧盟总部、联合国专门机构。

欧洲是多极化世界的重要一极，是中国的全面战略伙伴。中方始终从战略高度看待中欧关系，把欧洲作为中国外交的主要方向。我这次欧洲之行，就是要同欧洲伙伴增进互信、深化合作、承前启后、继往开来，全面提高中欧关系水平。荷兰是欧洲重要门户，是我这次访问的第一站。我在这里代表中国人民，向全体欧洲人民，致以诚挚的问候和良好的祝愿。

——我这次访欧是为和平而来。中国有句古话："天时不如地利，地利不如人和。"当前世界需要发展，发展需要和平。中国人民同各国人民一样，既要争取和平的国际环境发展自己，又要通过自身的发展维护和促进世界和平。

荷兰海牙核安全峰会肩负规划核安全进程未来蓝图的历史使命。保障核材料和核设施安全，有效应对核恐怖主义威胁，不仅事关各国国家安全和社会稳定，也事关人类可持续发展。我期待在这次峰会上同各国及有关国际组织领导人一道，分享经验和心得，深入探讨推动国际核安全，对未来核安全进程作出合理规划，为人类和平作出积极贡献。

——我这次访欧是为推动合作而来。中欧经贸关系是世界上规模最大、最具活力的经贸关系之一。欧盟是中国第一大贸易伙伴，中国是欧盟第二大贸易伙伴，双方互为最重要的两大市场，合作潜力巨大，合作前景广阔。作为最大的发展中国家和最大的发达国家联合体，中欧合作远远超出双边范畴，具有全球性意义。双方加强合作，不仅有利于各自发展，也有利于世界和平、稳定、繁荣。

访问期间，我将同有关国家和欧盟机构领导人就新形势下深化中欧全面战略伙伴关系，扩大务实合作深入交换意见，找准彼此发展战略规划契合点，推动中欧合作深入发展，共同促进世界经济强劲、可持续、平衡增长。

——我这次访欧是为交流互鉴而来。中国正在全面深化改革，推动经济社会持续健康发展，推动人民生活水平和质量不断得到改善。欧盟在应对主权债务问题和推进欧洲一体化过程中也积累了大量经验。我们愿意同欧方相互交流学习，互通有无，推动各自改革发展取得成功。我们也希望同欧方密切沟通和协调，共同致力于基于规则的，更加透明、公正、合理、有效的国际治理体系建设。

——我这次访欧是为共促文明进步而来。人文交流是促进和平发展的积极要素，也是经济发展的重要推动力。中欧作为东西方两大文明的代表，为人类进步作出了不可磨灭的贡献。中欧人口总量和经济总量分别占世界四分之一和三分之一，扩大人文交往，对增进相互了解、促进社会繁荣至关重要。我将同欧洲领导人就深化中欧人文合作、便利双方人员往来等交换意见，努力增进双方民间友好，促进东西方两大文明互通互鉴，推动人类文明进步和繁荣。

荷兰是中国在欧洲重要的合作伙伴。中荷有直达铁路、货轮、商业航班，形成了全方位互联互通的独特优势。中荷合作领域广、规模大、内生动力强，以务实高效著称，是中欧合作的缩影和典范。荷兰连续11年保持中国在欧盟第二大贸易伙伴地位，是欧盟第三大对华直接投资来源国，中国是荷兰在欧盟外第一大贸易伙伴和第二大投资来源国。双方在农业、水利、石化、物流等领域合作走在中欧合作前列。荷兰是对华合作最开放的欧洲国家之一，双方都支持贸易自由化，都致力于建设开放透明、公平有序的市场和竞争环境。

我这次访问是中国国家元首首次访问荷兰，标志着两国关系进入新的发展阶段。访问期间，我同荷兰领导人共商合作大计，并广泛接触各界人士，共同规划两国关系未来发展，丰富双边务实合作内涵，推动两国关系迈上新的更高水平，并一致决定建立开放务实的全面合作伙伴关系。双方发表了联合声明，签署了能源、农业、金融、投资、文化等领域多个合作文件。

当前，中国正在朝着“两个一百年”奋斗目标前进，欧盟也在加紧推进“欧洲2020”战略。让国家变得更加富强，让社会变得更加公平正义，让人民生活变得更加美好，这是中国人民孜孜不倦追求的理想，也是欧洲人民共同愿望。我们愿意同欧洲各国一道,深化互利共赢合作,共享机遇,共创繁荣。

冬去春来,万象更新,时间的脚步永不停歇。北京和阿姆斯特丹相距近 8000 公里,但再远的距离也不能阻挡中欧相互走近、扩大合作的步伐,不能阻挡双方民众相互吸引、增进友谊的热情。

我对欧洲之行充满期待。我坚信,2014 年必将开启一个充满生机活力的中欧关系新时期。

特殊的朋友　共赢的伙伴

——在法国《费加罗报》上发表的署名文章

中华人民共和国主席　习近平

从今天起，我将对法国进行为期3天的国事访问。今年是中法建交50周年。我选择这一时机访法，是为了总结过去、传承友好、继往开来，推动中法关系更上一层楼。

50年前，毛泽东主席和戴高乐将军以卓越的战略眼光和非凡的政治勇气，推动中法两个伟大国家实现握手，为国际社会树立了不同社会制度国家和平共处、合作共赢的典范，对国际战略格局产生的重大深远影响延续至今。

——50年来，两国领导人坚持从全球视野出发，秉持独立自主精神，把发展中法关系放在各自对外关系的优先位置，开创了大国良性互动的先河。法国是第一个同新中国建立大使级外交关系的西方大国，也是第一个同中国建立全面战略伙伴关系和机制性战略对话的西方大国。

——50 年来，两国开展了多项开拓性合作，不断丰富中法关系战略内涵。法国是第一个同中国开展民用核能合作的西方国家、第一个同中国签订政府间科技合作协定的西方国家、第一个同中国开辟直航航线的西方国家。现在，每周有近 60 次航班往返于两国之间。

——50 年来，两国人文交流从未间断，推动着中法两大灿烂文明的交流互鉴，拉近了两国民众心与心的距离。法国是第一个同中国互办文化年、互设文化中心的国家，也是第一个同中国开展青年交流的西方大国。中国有 10 万青少年学习法语。在法国也有越来越多的人学习汉语，目前已经有 4.5 万，这个数字还在不断增长。

孔子曰："五十而知天命。"中法关系 50 年的发展历程，为双方维持特殊友谊、走好共赢道路凝聚了许多有益经验和启迪。双方都认为，互尊互信、坦诚相待是中法关系保持健康稳定发展的必要前提。敢为人先、与时俱进是中法关系始终走在中国同西方国家关系前列的重要法宝。互利共赢、互惠共容是中法关系能够长期造福两国人民的根本出发点。独立自主、求同存异是中法在国际事务中实现协调和配合的精神基础。同舟共济、面向全球是中法在国际风云变幻中始终致力于人类和平与发展事业的不懈追求。

中国人讲“知行合一”，法国人讲“打铁方能成铁匠”，都强调要把思想转化成为行动。在3天的访问中，我将同奥朗德总统等法国领导人充分交换意见，并将共同发表新的联合声明和中长期合作规划。我相信，我们一定能够达成新的重要共识。我认为，中法作为全面战略伙伴，要互尊互信、协作创新，继续引领中欧关系和中国同西方国家关系发展。

作为联合国安理会常任理事国，中法都肩负着维护世界和平、促进共同发展的历史使命。为推动世界多极化和国际关系民主化，推动国际热点问题纳入和平解决轨道，携手应对恐怖主义、气候变化等全球性挑战，双方有能力、有智慧提出好的倡议和方案。

作为世界两大重要经济体，中法利益契合点多，互补性强。双方要充分释放合作潜力，通过联合研发、联合投资、共同开发第三国市场等方式，深化两国核能、航空、航天、汽车等传统合作领域利益融合，在农业食品、金融、数字化等新领域打造合作新亮点。

中法都主张兼收并蓄，双方将积极探讨提高两国人文交流水平的新途径，深化两国民众相互认知。双方将继续举办民众喜闻乐见的活动纪念中法建交50周年，扩大互派留学生和互访游客规模，为便利人员往来采取新举措。

当前，中国已经进入全面深化改革和扩大开放的发展新阶段，正在通过推进新型工业化、信息化、城镇化、农业现代化，致力于实现"两个一百年"奋斗目标，实现中华民族伟大复兴的中国梦。法国也在积极推动结构性改革，致力于保增长、提高竞争力、扩大就业，实现新的法国梦。中法都是富有改革精神的民族，只要双方抓住机遇，相互支持，合作之路必将越走越宽，中法关系必将迈向下一个辉煌的50年。

来法国前，我已经访问了荷兰，接下来还将访问德国、比利时、欧盟总部。我在今年开春之际抽出11天时间访问欧洲，是因为我高度重视欧盟和中欧关系，坚定支持欧洲一体化建设。当前，中欧都处于各自发展的关键阶段，中欧关系面临新的发展机遇。双方要不断深化金融、基础设施建设、新型城镇化、新能源、科技创新、节能环保等领域互利合作,加速中欧投资协定谈判步伐。

与此同时,要相互尊重彼此发展道路,坚持通过平等对话和友好协商的方式妥善处理贸易纠纷,实现中欧关系平稳健康发展。这不仅将造福中欧人民,也有利于促进世界和平与繁荣,发挥超越中欧、更具全球意义的重要影响。

朋友越走越近,良言越说越亲。我期待着同法国政府以及各界朋友深入交流,寻求共赢之道。

中德携手合作造福中欧和世界

——在德国《法兰克福汇报》上发表的署名文章

中华人民共和国主席　习近平

我很高兴在万物复苏的早春时节再次来到德国。

5 年前，我曾经访问德国。那时，欧洲正处于国际金融危机阴霾之下，欧债问题初露端倪，唱衰欧洲之声甚嚣尘上。中国毫不迟疑选择同德国和欧洲加强合作，共克时艰，始终对欧元保持信心，一如既往坚定支持欧洲一体化。

5 年后的今天，欧债问题趋于缓解，欧元依然坚挺，欧洲一体化进程取得了新进展。德国作为欧洲经济的"发动机"和"稳定锚"，正在引领欧洲加快复苏步伐。这些不仅证明了我们当初判断的正确性，更印证了两国互信之深和合作基础之牢。

中德合作有着深厚而坚实的基础，这是因为：

——中德合作是两大文明的交流对话。中国和德国分处亚欧大陆两端，是东西方两大文明杰出代表。两国数不尽的先贤哲人、深邃的思想哲理、丰富的文学艺术，是双方互学互鉴、交流合作取之不尽、用之不竭的智慧源泉。

——中德合作是两个伟大民族的相互学习。尽管中德历史传统和发展轨迹不尽相同，但两个民族拥有很多共同的优良品质，比如勤恳耐劳、谦虚认真、踏实苦干、勇于创新。这为两国人民相互理解、相亲相敬、取长补短提供了得天独厚的条件。

——中德合作是两个经济奇迹创造者的携手并进。作为全球两大贸易国和两大经济体，中德两国发展早已你中有我、我中有你，谁也离不开谁。无论从产业发展水平、市场规模，还是从需求格局看，中德经济互补性十分突出，合作空间极其广阔。

近年来，中德合作一直领跑中欧合作。每天往返于中国和欧盟之间的 15 亿美元商品中，近 1/3 属于中德。每周，70 多个航班连接着两国 10 多个城市。中欧之间已经开通的 3 条联运班列中，有 2 条通往德国的杜伊斯堡和汉堡。每年有超过 100 万游客来往于中德之间。两国不仅已经成为对方国家在各自地区的最大贸易伙伴，更成为企业投资兴业的最重要目的地。迄今有8200多家德国企业在华安家落户，超过2000家中国企业在德国站稳脚跟。政府磋商、战略对话、法治国家对话等两国政府的60多个对话、合作机制运行顺畅，为中德关系不断取得新进展提供了有力保障。在维护世界和平、地区安全，应对气候变化、粮食安全，推动可持续发展等重大国际问题上，两国也日益紧密地开展沟通和合作。

当前，全球新一轮科技和产业革命呼之欲出，世界各国争相调整、适应，抓紧实施必要改革。中国决心顺应时代潮流，全面深化改革，抓住实现国家现代化、实现民族复兴的历史机遇。

去年11月，中共十八届三中全会就全面深化改革作出总体部署，提出了改革路线图和时间表，涉及15个领域、330多项较大的改革举措。其中，重点是深化经济体制改革，建设统一开放、竞争有序的市场体系，让市场在资源配置中起决定性作用，更好发挥政府作用。我们将深化各方面体制改革，全面推进国家治理体系和治理能力现代化。

德国推出了“工业4.0”战略，积极推行能源转型，并引领欧洲整固财政，实施结构改革，大力落实“欧洲2020”战略提出的举措，推进欧洲一体化。中德合作将会有更多契合点，获得新动力。中德关系也将在现有高水平基础上，进入一个精确磨合和深度对接的新阶段。

中德合作的根本在于服务各自国内发展和改善民生。中德合作的未来仍然在于能否为两国人民带来实实在在好处。中国市场和德国技术的结合，无疑将极大促进中欧经济社会发展，给普通百姓生活带来诸多实惠。中国速度和德国质量的联手，将为中欧乃至世界经济创造巨大增长空间。

作为亚洲和欧洲最主要的经济实体，中德经济加强融合，将意味着亚欧两大增长极的强强联手。这将极大促进亚欧大市场的形成，带动整个亚欧大陆的增长，并对世界经济和贸易格局产生深远影响。

坚持走和平发展道路的中国同德国加强合作，将有利于世界多极化发展，维护和促进世界和平、稳定、繁荣。

友谊建立在尊重、信任、包容基础上，国家交往亦是如此。当前，全面深化中德关系，缺的不是利益契合和共同目标，而是勇气、胸襟、视野。

让我们理解和尊重对方人民选择的基本制度和发展

道路，照顾彼此核心利益和重大关切。让我们超越简单的买卖关系，以更加创新和开放的思维，赋予中德合作更多战略内涵。让我们通过平等对话和友好协商妥善处理分歧，以更加宏观和长远的眼光为两国关系发展谋划蓝图。让我们共同致力于国际机制和规则的改进和完善，使其更加公正合理、更好适应时代发展和国际社会共同需求。

只有这样，中德合作的车轮才会越转越快、越转越好。

中欧友谊和合作：让生活越来越好

——在比利时《晚报》上发表的署名文章

中华人民共和国主席　习近平

我曾看到两个故事：有位比利时人，从 2004 年起，一直在中国西南边陲指导当地农民种植咖啡豆脱贫致富。有位中国人，1990 年来到比利时，用高超的医术，让众多患者摆脱疾病的困扰。

这样的故事还有很多很多，让我感受到中欧友谊和合作的强大力量。这种力量从 2000 年前的古丝绸之路走来，让亚欧大陆上不同肤色、不同语言、不同信仰的人们携起手来，共同走向更加美好的生活，这是中国人民和欧洲各国人民的共同愿望。

正是带着这样的愿望，我对比利时进行国事访问，并访问欧盟总部。

中国同比利时建交 43 年来，两国关系取得长足发展。双边贸易比建交之初增长了1000多倍，比利时已成为中国在欧盟的第六大贸易伙伴。近年来，两国相互投资持续增长。在过去5年中，中国对比利时直接投资增长了近10倍，为当地创造了大量就业。双方成功举办了"欧罗巴利亚—中国艺术节"、中比建交40周年等一系列文化交流活动，两国人民友谊进一步加深。

中欧建立全面战略伙伴关系以来，中欧双方贸易额在10年间翻了两番，2013年达到5591亿美元。现在，双方每年人员往来达到550多万人次，互派留学生27万多人。这些数字的背后，是中欧友谊和合作给双方人民带来了更丰富的商品、更多的工作岗位、更好的学习机会。

我期待着通过这次访问，深化互利共赢的中欧关系，让中欧友谊和合作给中欧各国人民带来更多福祉。

今天，中国和欧洲都处在各自发展的关键阶段。中共十八届三中全会作出了全面深化改革的战略部署。15个领域、330多项改革举措的具体落实办法已经或正在出台。13亿中国人民正在全力以赴为实现中华民族伟大复兴的中国梦而奋斗。欧洲也正在改革发展的道路上奋力前行。欧盟进行了大刀阔斧的结构性改革，欧洲各国人民付出了艰苦努力，复苏的春意已经开始驱散欧洲经济的寒冬。

新形势赋予中欧友谊和合作新的发展机遇。中欧是发展之路上的利益共同体，中国将继续从战略高度看待欧洲，支持欧洲一体化建设，相信欧洲各国人民也将同样支持中国人民走好自己所选择的适合中国国情的发展道路。

去年11月，双方发表了《中欧合作2020战略规划》。中国愿意同欧洲一道，一张蓝图干到底，以落实《规划》为主线，全面加强贸易、投资、金融、高技术、新能源、新型城镇化等领域交流合作，让中欧友谊和合作为各自发展提供更强助力，也为双方人民带来更多实利。

新形势赋予中欧友谊和合作新的战略内涵。中欧人口和经济总量分别占到世界四分之一和三分之一，在经济全球化、世界多极化、社会信息化蓬勃发展的今天，中欧关系的影响已经超越双边，越来越具有全球性战略意义。

——中国和欧洲是维护世界和平的两大力量。中国是联合国安理会五个常任理事国中派遣维和军事人员最多的国家。欧盟是全球最大对外援助方。双方在伊朗核、中东、反海盗等问题上进行了有效合作。我们要携起手来，同全世界所有爱好和平的人们一起，建设地球和平家园。

——中国和欧洲是促进共同发展的两大市场。作为最大发展中国家，中国经济增长对世界经济增长的贡献率接近30%。作为最大经济体，欧盟国内生产总值达到16.7万亿美元。中欧要共同坚持互利共赢，坚持市场开放，致力于发展开放型世界经济，为全球经济强劲、可持续、平衡增长提供强大动力。

——中国和欧洲是推动人类进步的两大文明。中国和欧洲都是东西方文化重要发祥地和杰出代表，几千年来相互促进、相映生辉。我们要共同坚持文明多样性，引领文明互容、文明互鉴、文明互通的世界潮流，为人类文明共同进步作出贡献。

新形势下，中欧友谊和合作更加需要平等对话和交流。中国和欧洲的国情和发展阶段不同，中欧人民不可能在所有问题上都想法一致。我们所处的，既是同舟共济的时代，也是个性彰显的时代，既是机遇前所未有的时代，也是挑战前所未有的时代。

“智者求同，愚者求异。”中欧要本着相互尊重、平等相待、求同存异、合作共赢的态度去加强对话和沟通，寻求利益最大公约数，共享机遇，共迎挑战。

险滩和礁石阻挡不了奔腾入海的河流，我相信问题和分歧也阻挡不了中欧友谊和合作的前进之路。

比利时是欧盟总部所在地，被称为“欧洲心脏”。“心脏”脉动越有力，就越能为中欧合作输入更多血液。

中欧友谊和合作是时代的选择，是中欧18亿人民的选择。“星徽”和“好好”，两只憨态可掬的大熊猫能够不远万里，从中国的“天府之国”落户到比利时的“天堂公园”，就是这个选择的明证。它们的名字，喻义光明和美好，传递了我们对于中欧友谊和合作的自信和祝愿。

我相信，中欧关系的未来更加光明，也让我们的生活更加美好。

图书在版编目(CIP)数据

出席第三届核安全峰会并访问欧洲四国和联合国教科文组织总部、欧盟总部时的演讲/习近平 著.-北京:人民出版社,2014.4
ISBN 978-7-01-013427-7

Ⅰ.①出… Ⅱ.①习… Ⅲ.①习近平-讲话 Ⅳ.①D2-0
中国版本图书馆 CIP 数据核字(2014)第 067192 号

(RMC-ZJDXI-007-20140401)

出席第三届核安全峰会并访问欧洲四国和
联合国教科文组织总部、欧盟总部时的演讲

CHUXI DISANJIE HEANQUAN FENGHUI BING FANGWEN OUZHOU SI GUO HE
LIANHEGUO JIAOKEWEN ZUZHI ZONGBU OUMENG ZONGBU SHI DE YANJIANG

习　近　平

人民出版社 出版发行
(100706 北京市东城区隆福寺街 99 号)

北京瑞古冠中印刷厂印刷 新华书店经销

2014 年 4 月第 1 版 2014 年 4 月北京第 1 次印刷
开本:880 毫米×1230 毫米 1/32 印张:2.5
字数:35 千字 印数:00,001-20,000 册

ISBN 978-7-01-013427-7 定价:6.00 元

邮购地址 100706 北京市东城区隆福寺街 99 号
人民东方图书销售中心 电话 (010)65250042 65289539